Ich habe einen Namen

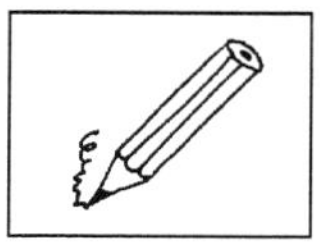

Mein Name ist: ______________________

Das bin ich.

Bei meiner Geburt habe ich einen Namen bekommen.

Bd. 176. Heinz-Lothar Worm/Martina Schlecht: Religion - 1. Schuljahr

Persen® Bergedorfer®
Best.-Nr. 2204

Ich bin einmalig

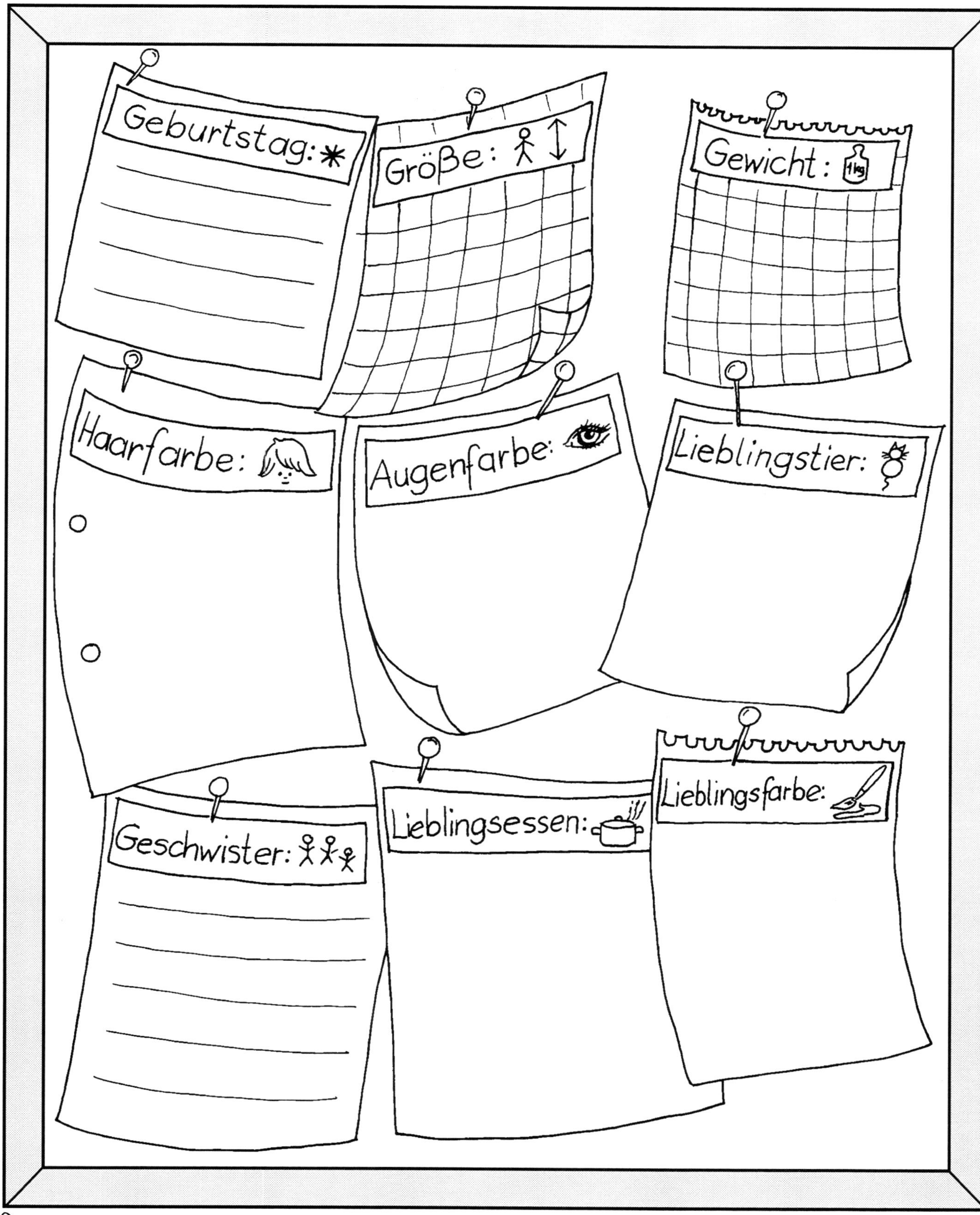

Ich habe einen Namen.
Mich gibt es nur einmal auf der Welt.

Persen ® Bergedorfer ®
Best.-Nr. 2204

Ich bin wichtig

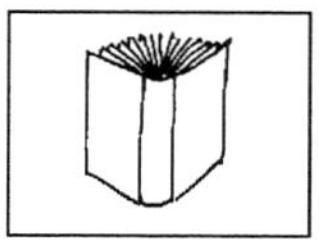 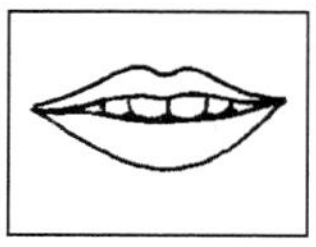

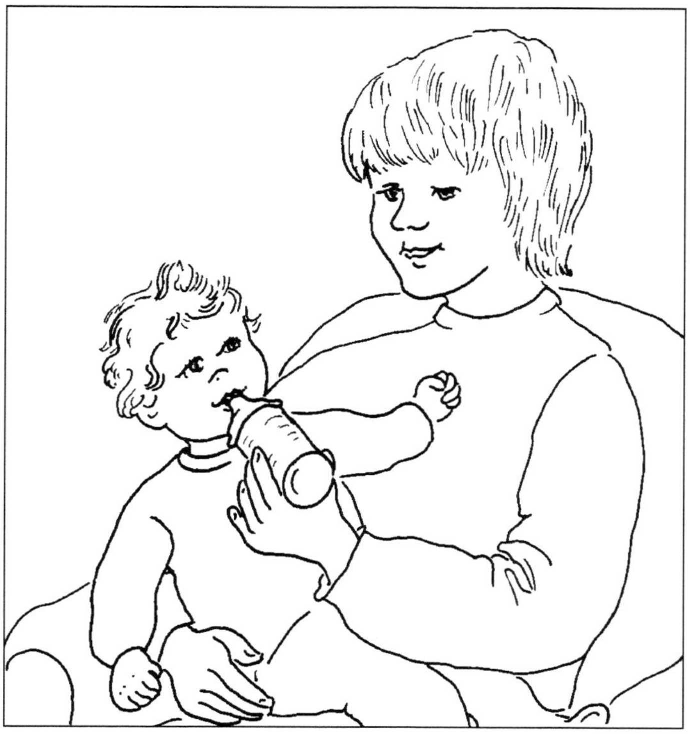

Ich sorge für andere.

Ich helfe mit.

Ich mache Freude.

Ich habe Freunde.

Ich habe einen Namen. Mich gibt es nur einmal.
Ich bin wichtig und werde gebraucht.

Bd.176. Heinz-Lothar Worm/Martina Schlecht: Religion - 1. Schuljahr

Persen® Bergedorfer®
Best.-Nr. 2204

Gott hat mich lieb

Wer hat mich lieb?

Wen habe ich lieb?

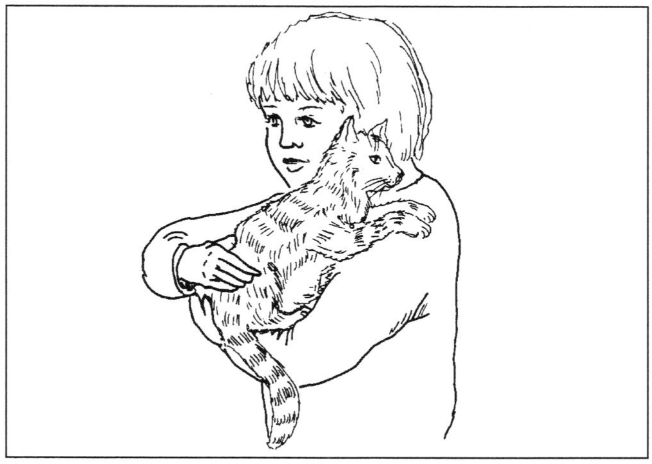

Wer hat dich lieb?

Wen hast du lieb?

Ich habe einen Namen. Mich gibt es nur einmal. Ich bin wichtig. Viele Menschen haben mich lieb, und ich habe auch viele lieb. Gott hat mich immer lieb.

Die Taufe

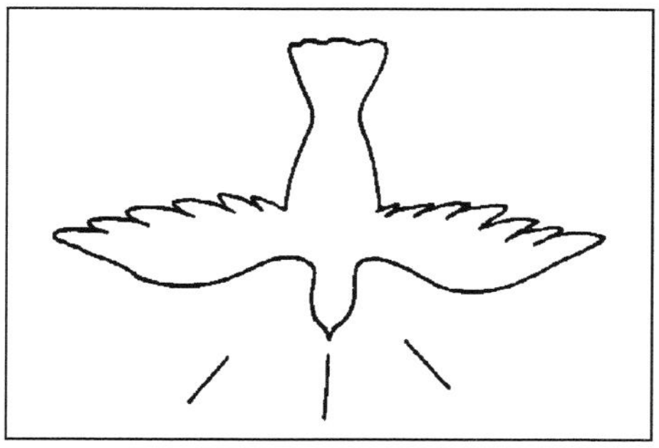

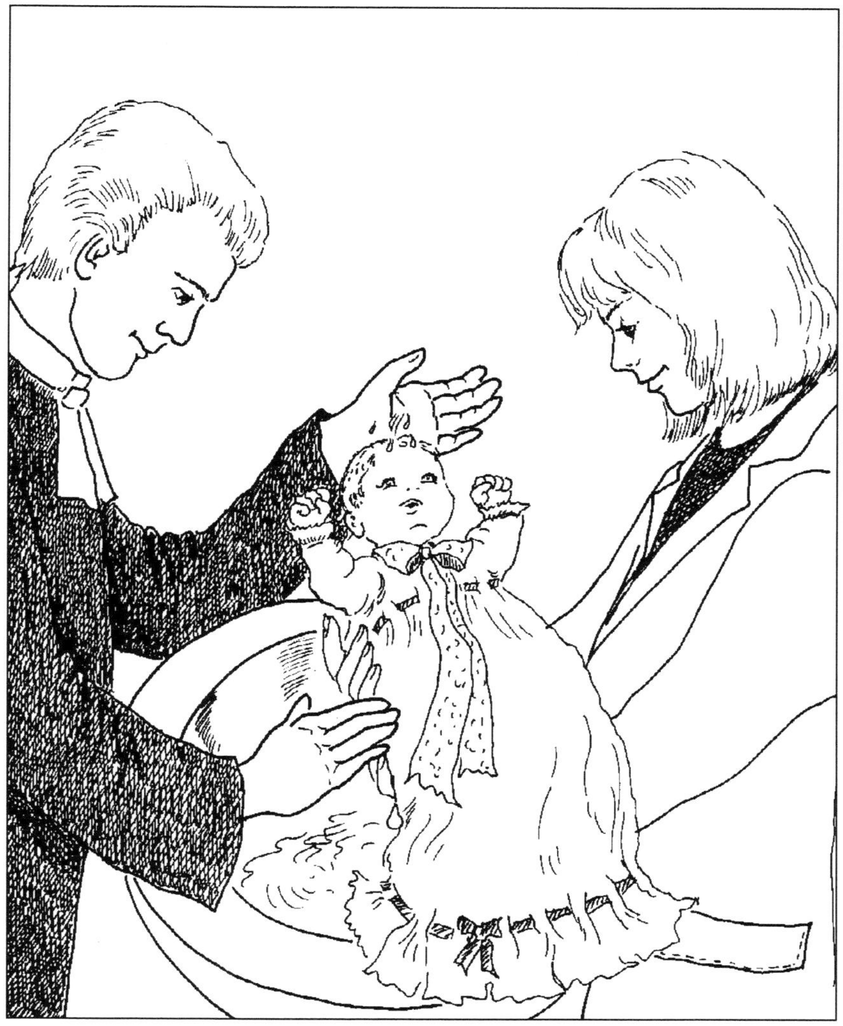

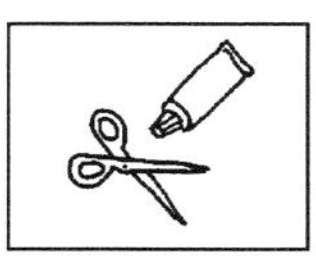

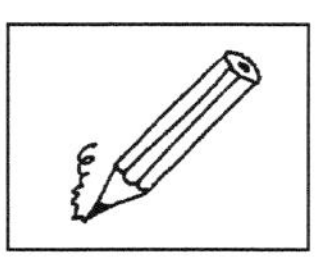

Wer sind deine Taufpaten?

Ich bin getauft. Das bedeutet: Ich gehöre zu Gott.
Die Taufpaten haben versprochen:
Wir möchten, dass unser Patenkind christlich erzogen wird.
Wir wollen bei der Erziehung helfen.
Wir wollen mit für das Patenkind sorgen.

Bergedorfer®
Best.-Nr. 2204

Jesus segnet die Kinder

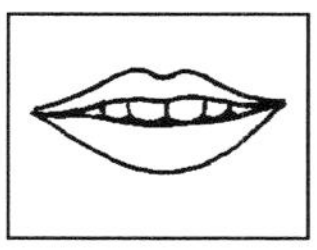 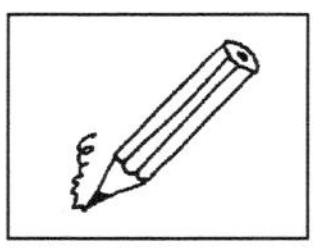

Wen soll Jesus segnen?

Einmal kamen Leute zu Jesus und brachten ihre Kinder zu ihm. Er sollte sie segnen. Die Jünger wollten die Leute wegschicken. Aber Jesus sagte:

„Lasst die Kinder doch zu mir kommen!
Denn Gottes Welt steht für sie offen!“

Dann nahm er die Kinder in die Arme, liebkoste und segnete sie.

Bd. 176. Heinz-Lothar Worm/Martina Schlecht: Religion - 1. Schuljahr

Persen® Bergedorfer®
Best.-Nr. 2204

Wir gehen in verschiedene Kirchen

Konfirmation

Erstkommunion

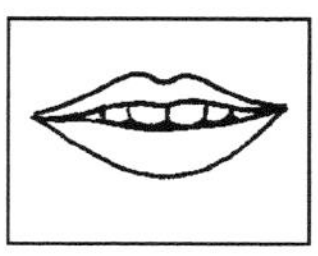 

Gehe in eine evangelische und in eine katholische Kirche. Was siehst du?

Evangelische und katholische Christen beten zum selben Gott, glauben, dass Jesus Gottes Sohn ist, glauben, dass die Bibel Gottes Wort ist, feiern gemeinsame Gottesdienste. Sie heißen **ökumenische Gottesdienste**.

Persen® Bergedorfer® Best.-Nr. 2204

Ich erfahre Ablehnung

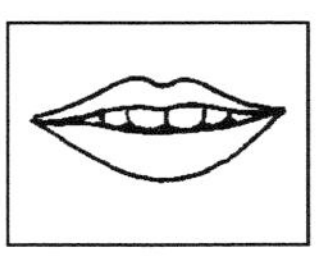

Wer hat dich abgelehnt?

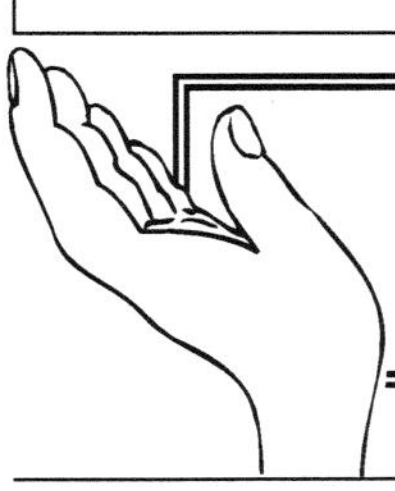

Ich weiß, dass Gott mich nicht ablehnt.

Persen ® Bergedorfer®
Best.-Nr. 2204

Ich werde enttäuscht

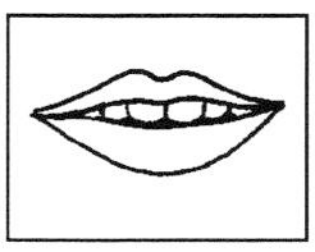

Wann warst du enttäuscht?

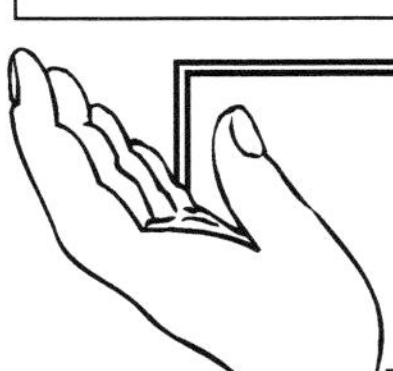

Ich weiß, dass Gott mich nicht enttäuscht.

Persen® Bergedorfer®
Best.-Nr. 2204

38 Jahre lang enttäuscht

Immer, wenn sich das Wasser im Teich bewegte, musste ein Kranker ins Wasser steigen. Dann wurde er gesund, ganz gleich, welche Krankheit er hatte.

5

6

Gott enttäuscht dich nicht. Er ist immer für dich da, wenn du es willst.

Der Kranke am Teich Betesda

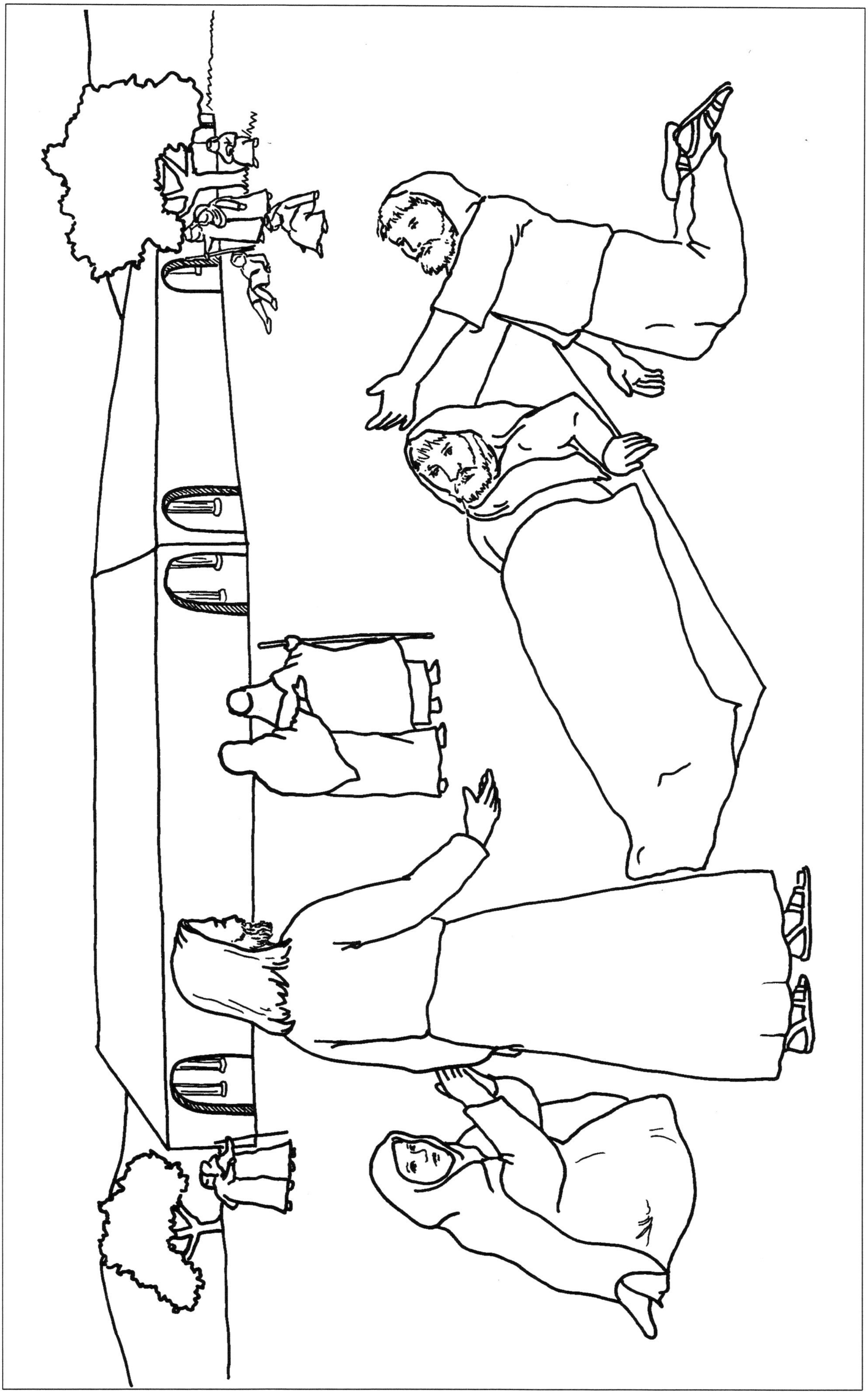

Persen® Bergedorfer®
Best.-Nr. 2204

Sich streiten und vertragen

Streit

Versöhnung

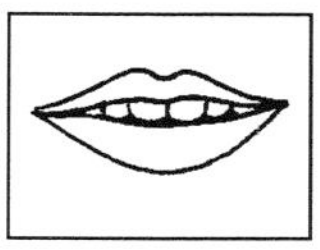

Wann hast du dich gestritten und vertragen?

Nach jedem Streit soll es immer wieder eine Versöhnung geben.
Jesus sagt: „Wenn dir jemand auf die rechte Wange schlägt, halte ihm die linke auch noch hin!“

Bd. 176. Heinz-Lothar Worm/Martina Schlecht: Religion - 1. Schuljahr

Persen ® Bergedorfer®
Best.-Nr. 2204

Meine Wünsche und Erwartungen

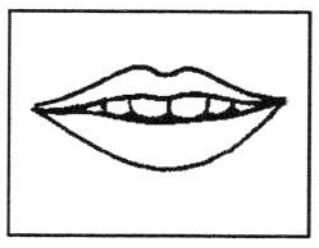 

Was wünschst du dir?
Welche Wünsche haben sich nicht erfüllt?

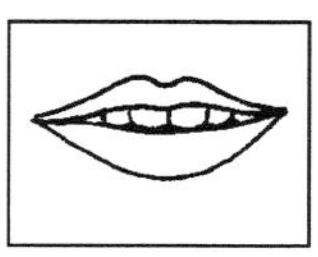

Welche Erwartungen haben Erwachsene?

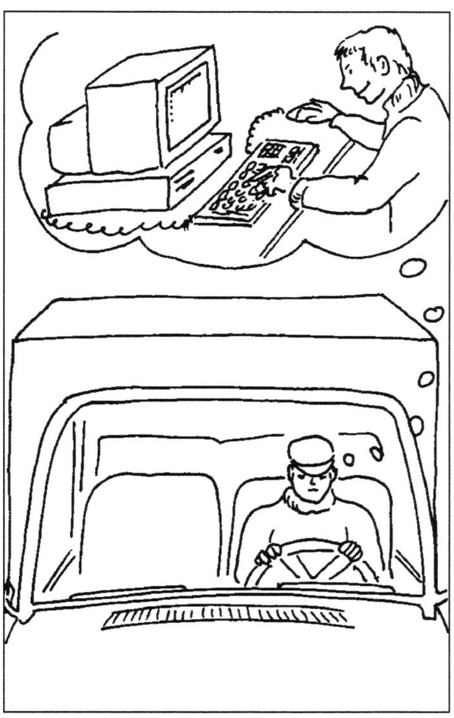

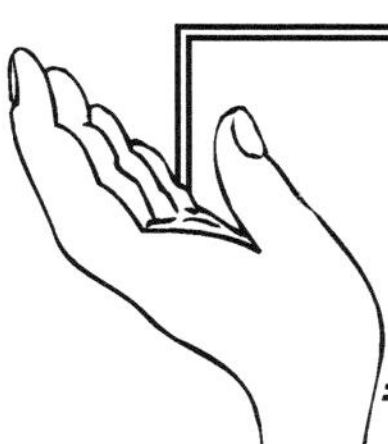

Kinder und Erwachsene haben Wünsche und Erwartungen. Viele davon bleiben unerfüllt. Gott erwartet auch etwas von uns.

Bd. 176. Heinz-Lothar Worm/Martina Schlecht: Religion - 1. Schuljahr

Persen® Bergedorfer®
Best.-Nr. 2204

Die Erwartung Jonas (1)

Die Erwartung Jonas (2)

Persen ® Bergedorfer®
Best.-Nr. 2204

Jona wird von einem Fisch verschlungen

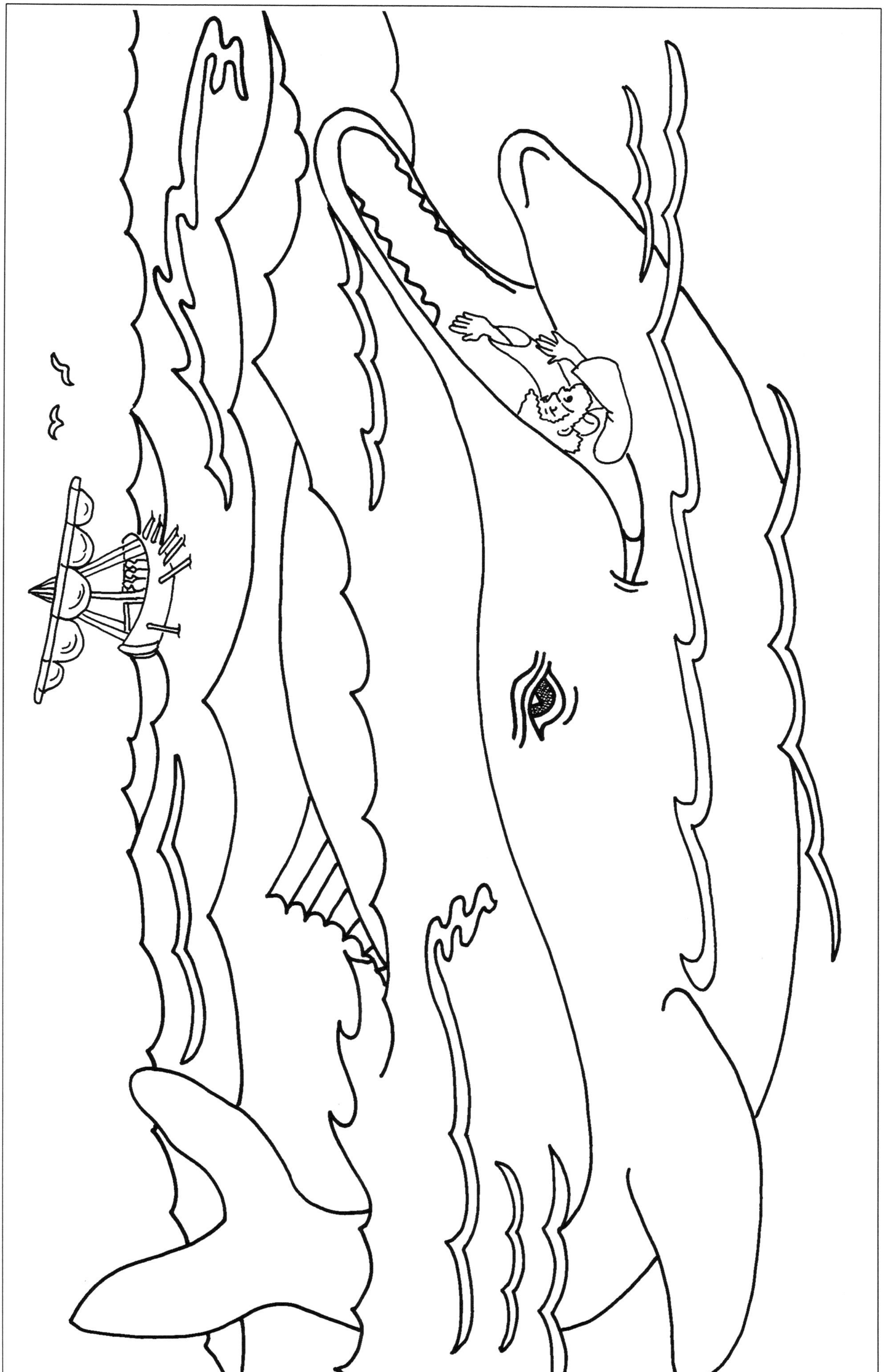

Persen® Bergedorfer®
Best.-Nr. 2204

Ich und die anderen

Jesus nennt die **Goldene Regel:**
„Behandelt die Menschen so, wie ihr selbst von ihnen behandelt werden wollt.“

Bd. 176. Heinz-Lothar Worm/Martina Schlecht: Religion - 1. Schuljahr

Persen ® Bergedorfer ®
Best.-Nr. 2204

Das Gleichnis vom hartherzigen Schuldner (1)

7

8

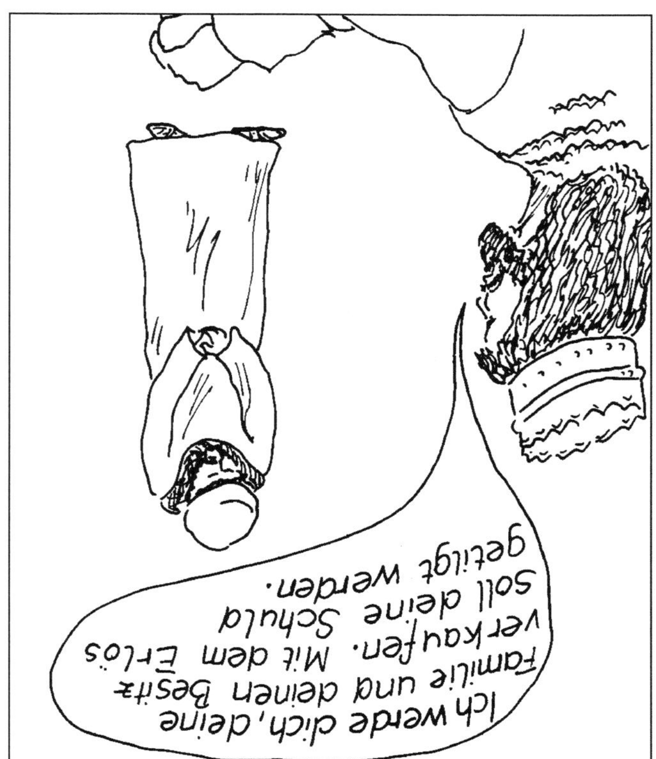

Persen Bergedorfer® Best.-Nr. 2204
Bd. 176. Heinz-Lothar Worm/Martina Schlecht: Religion - 1. Schuljahr

Das Gleichnis vom hartherzigen Schuldner (2)

9

10

Jesus erlässt uns unsere Schuld. Wir sollen anderen auch vergeben.

Bd. 176. Heinz-Lothar Worm/Martina Schlecht: Religion - 1. Schuljahr
Persen® Bergedorfer® Best.-Nr. 2204

Gott danken

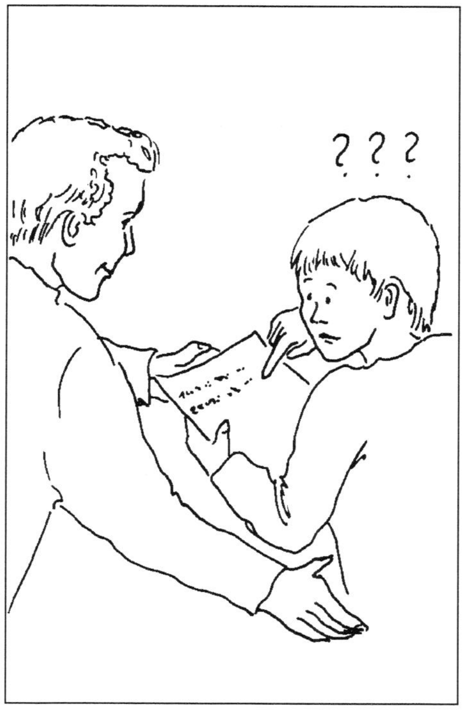

sprechen | bitten | danken

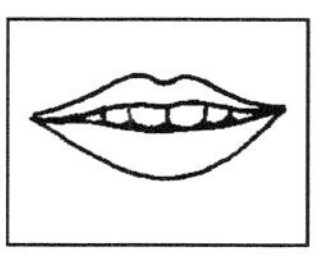

Wie und wo kannst du mit Gott sprechen, ihn bitten und ihm danken?

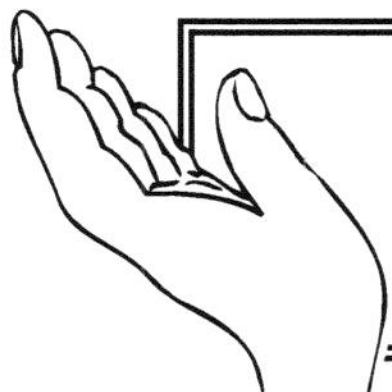

Beten ist Sprechen mit Gott. Gott hört dich auch, wenn du in Gedanken betest. Beten kannst du überall.

Bd. 176. Heinz-Lothar Worm/Martina Schlecht: Religion - 1. Schuljahr

Persen ® Bergedorfer®
Best.-Nr. 2204

Bittgebete

Bittgebete

Bitte, lieber Gott,
lass heute die Sonne
scheinen.

Bitte, lieber Gott,
schenk mir einen
guten Tag.

Bitte, lieber Gott,
ich möchte schnell
gesund werden.

Bitte, lieber Gott,
ich wünsche mir Freunde
zum Spielen.

Bitte, lieber Gott,
ich will nicht
mehr lügen.

Bitte, lieber Gott, meine
Eltern sollen sich nicht
mehr streiten.

Bitte, lieber Gott, ich
möchte so gern eine
Katze haben.

Bitte, lieber Gott, ich
möchte besser lesen
können.

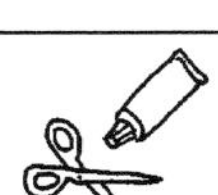

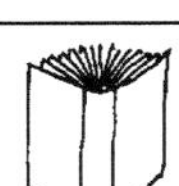

Gebetskartei: Klebe das Blatt auf eine Karteikarte (A4). Schneide die Kärtchen aus. In einem Karteikasten (A7) kannst du sie sammeln und ergänzen.

Persen® Bergedorfer®
Best.-Nr. 2204

Dankgebete

Danke, lieber Gott,
für das gute Essen.

Danke, lieber Gott,
für den schönen Tag.

Danke, lieber Gott,
für meine Freundinnen
und Freunde.

Danke, lieber Gott,
für die schönen Ferien.

Danke, lieber Gott,
für das schöne Haus, in
dem ich wohne.

Danke, lieber Gott,
für meine Eltern, die sich
liebhaben.

Danke, lieber Gott,
dass ich wieder gesund
bin.

Danke, lieber Gott,
für meine vielen
Spielsachen.

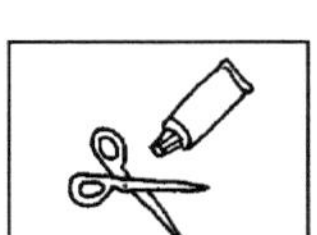

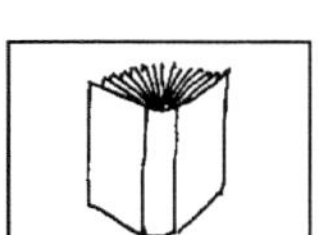

Gebetskartei: Klebe das Blatt auf eine Karteikarte (A4). Schneide die Kärtchen aus. In einem Karteikasten (A7) kannst du sie sammeln und ergänzen.

Persen® Bergedorfer®
Best.-Nr. 2204

Das Gleichnis vom barmherzigen Samariter

11

12

Jesus will uns damit sagen, dass wir anderen Menschen, die in Not sind, helfen sollen.

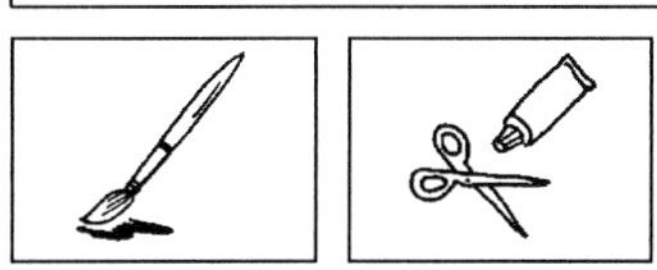

Die Legende von Sankt Martin

Bd. 176. Heinz-Lothar Worm/Martina Schlecht: Religion - 1. Schuljahr

Persen® Bergedorfer®
Best.-Nr. 2204

Wir vergessen die Toten nicht

Grabpflege

Allerseelentag

Ewigkeitssonntag

Wir sollen die Toten ehren. Gott vergisst die Toten nicht. Sie werden von Gott genauso wieder auferweckt, wie Jesus in der Osternacht.

Bd. 176. Heinz-Lothar Worm/Martina Schlecht: Religion - 1. Schuljahr

Bergedorfer®
Best.-Nr. 2204

Die Legende vom heiligen Nikolaus

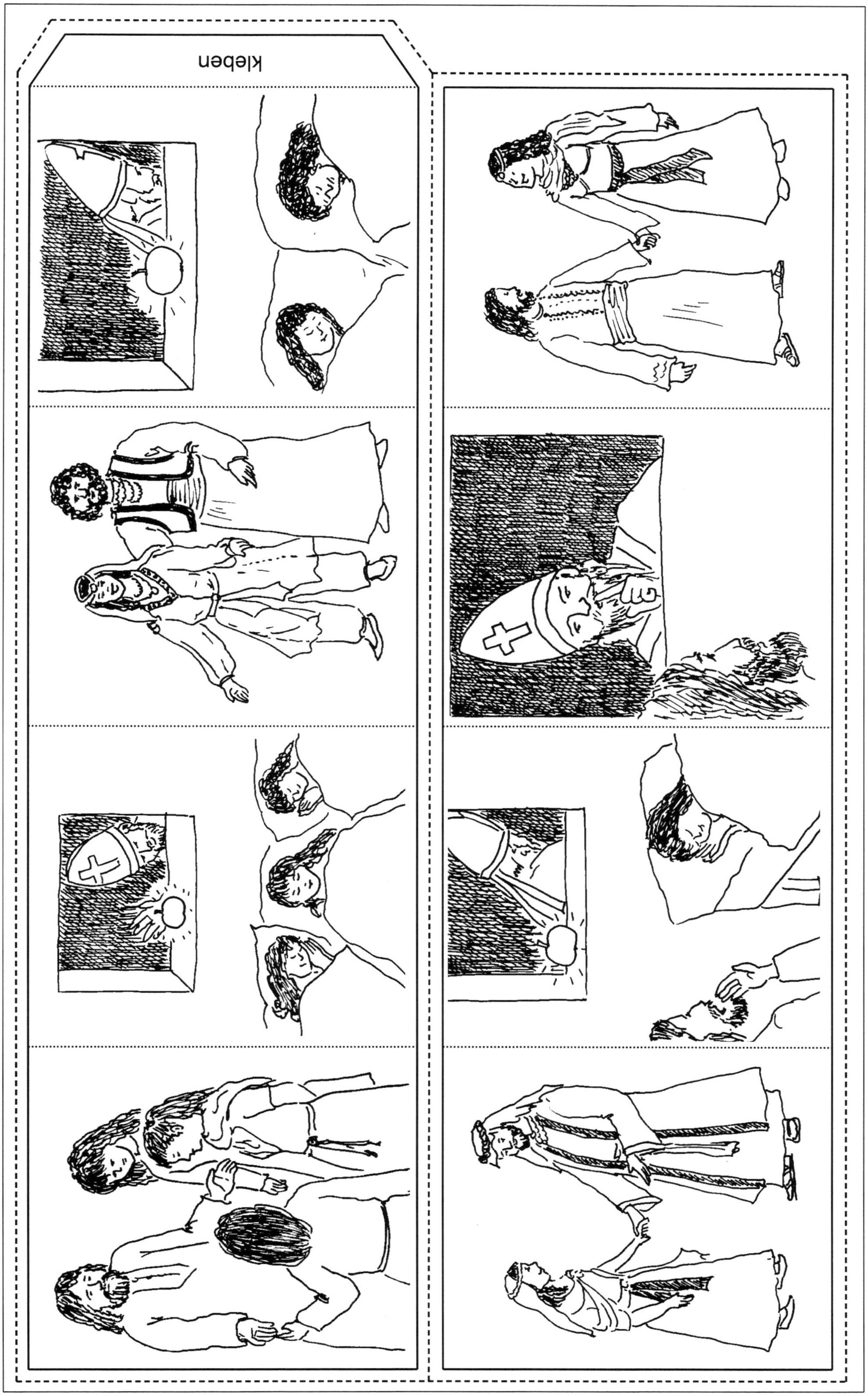

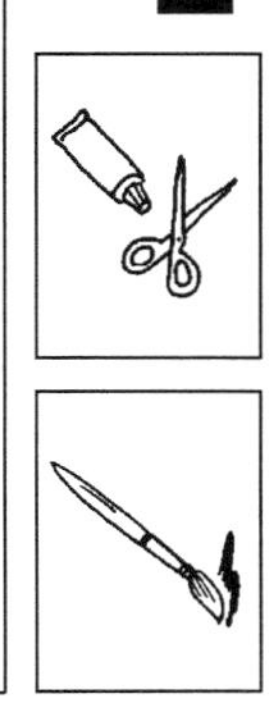

Persen® Bergedorfer®
Best.-Nr. 2204

Das Gleichnis von den Arbeitern im Weinberg (1)

13

14

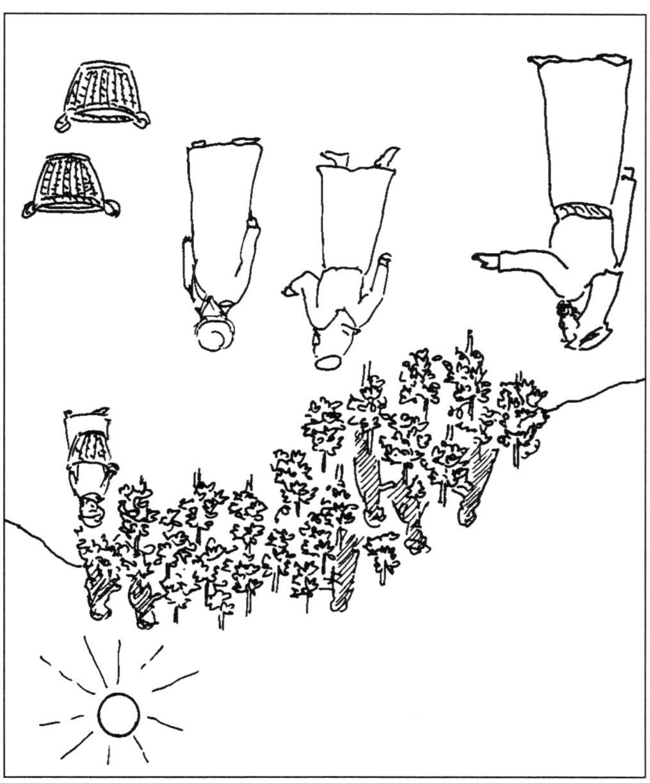

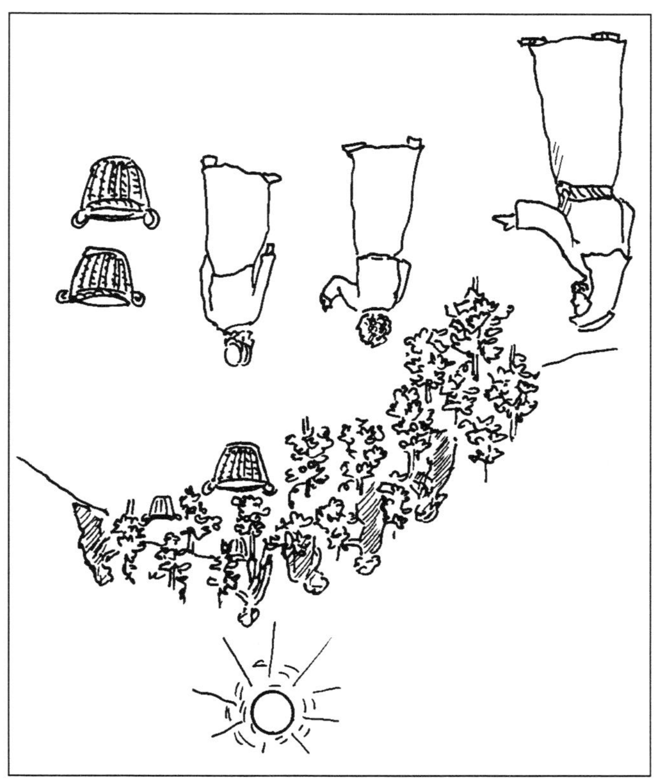

Bergedorfer® Best.-Nr. 2204

Das Gleichnis von den Arbeitern im Weinberg (2)

15

16

Jesus meint, wir sind oft unzufrieden und erwarten mehr.

Persen Bergedorfer® Best.-Nr. 2204

Bd. 176. Heinz-Lothar Worm/Martina Schlecht: Religion - 1. Schuljahr

Vorweihnachtszeit

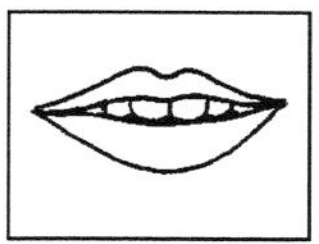

Was wünschst du dir?

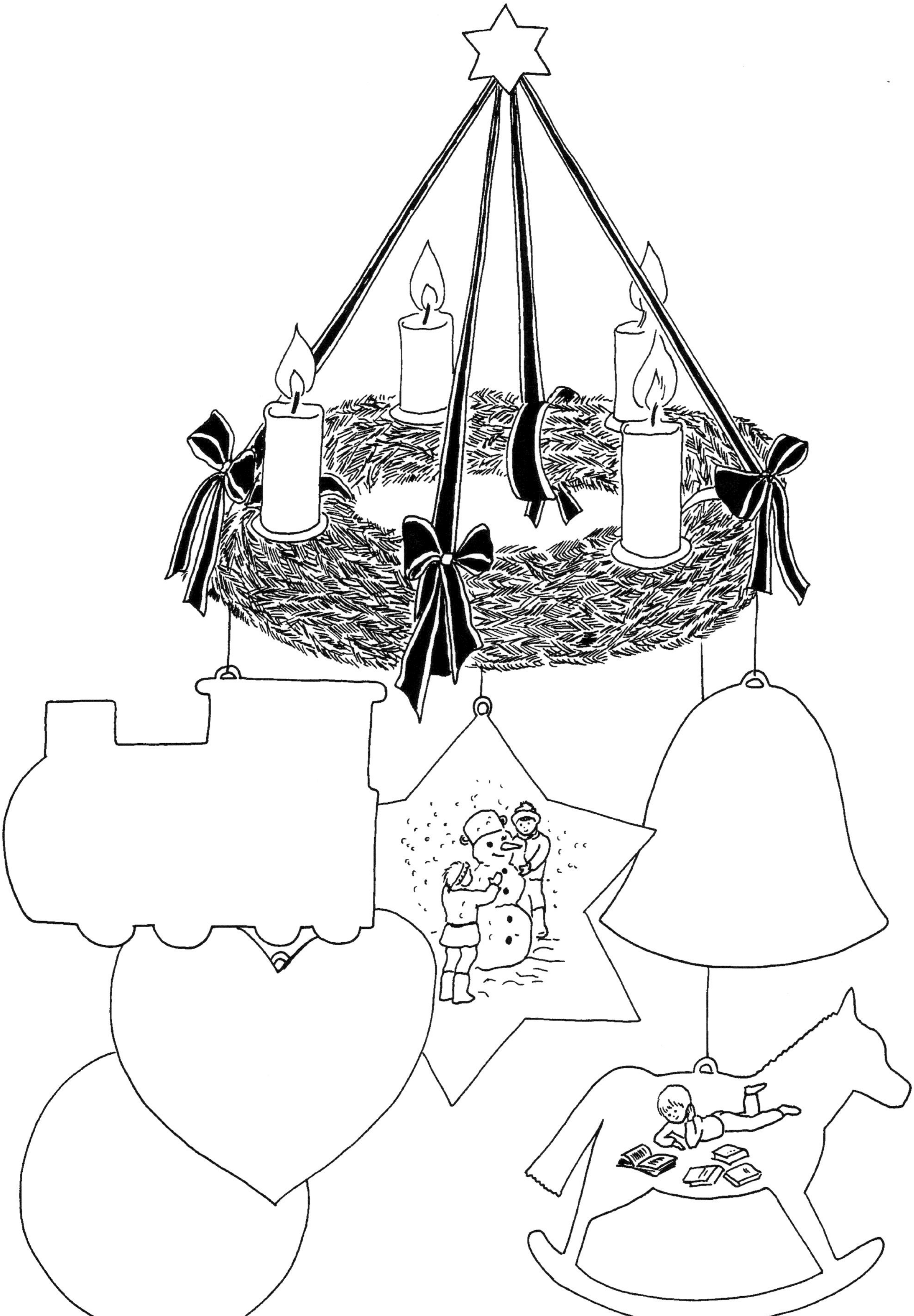

Bergedorfer®
Best.-Nr. 2204

Krippe zu Betlehem

Persen® Bergedorfer®
Best.-Nr. 2204

Die Heilung des Aussätzigen

17

18

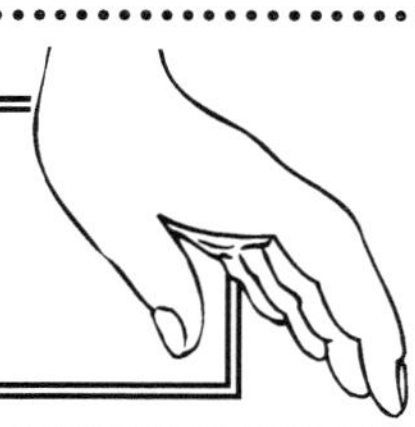

Gott ist da. Durch Jesus hat er es uns gezeigt.
Jesus hat Kranke gesund gemacht.

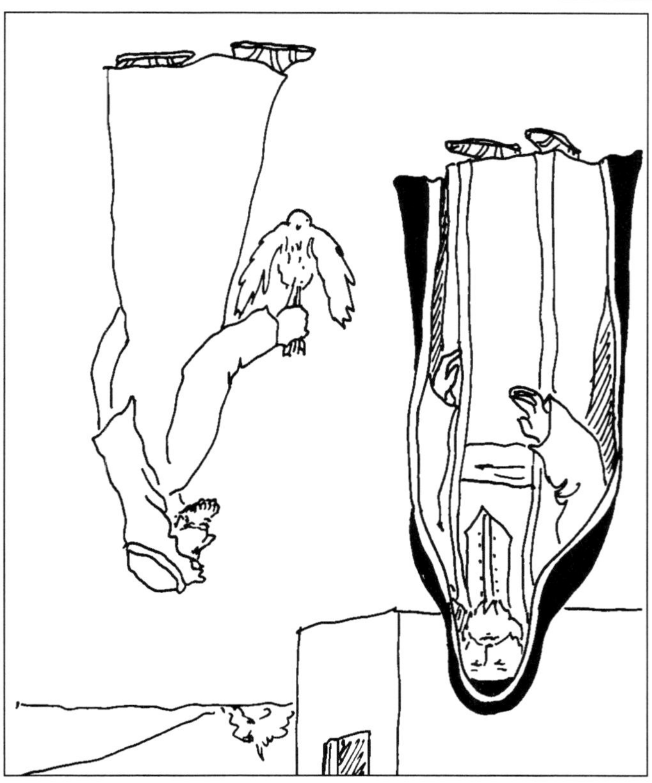

Bd. 176. Heinz-Lothar Worm/Martina Schlecht: Religion - 1.Schuljahr

Persen Bergedorfer® Best.-Nr. 2204

Der ungläubige Thomas

19

20

Jesus sagt: „Selig sind, die nicht sehen und doch glauben.“

Bd. 176. Heinz-Lothar Worm/Martina Schlecht: Religion - 1. Schuljahr

Persen Bergedorfer® Best.-Nr. 2204